Djalma Jacobina Neto
& Henrique Soares Jacobina

Pohemas com Hagá

PihMentel

A Glorinha,

pelo doce afeto de uma carinhosa e inteligente irmã.

A Paloma,

pelo amor, companhia e, sobretudo, pelos doces momentos que passamos juntos com muita descontração e alegria.

Henrique Soares Jacobina

QUERIDO IRMÃO

Um dia me disseram que nem sempre a gente pode ter tudo o que quer. Agora eu percebo que isso é verdade. Eu te perdi de uma forma bruta e inesperada. Juro que eu faria de tudo para te ter aqui de novo. Eu daria a minha vida pela sua. Você tinha muitos sonhos, uma faculdade para completar, uma família que te amava e te apoiava em tudo que você fazia. Lembra da promessa que você me fez? Aquela de ser meu príncipe nos meus quinze anos? Pois bem, você não pôde dançar comigo, mas eu sei que você estava lá e não largou do meu pé. E vai ser sempre assim, você bem junto de mim. E hoje eu vejo que você não é só meu príncipe, você é meu anjo, meu anjo da guarda que me ajuda e me protege.

Nada pode curar a dor que eu estou sentindo agora nem ninguém poderá ocupar o buraco que você deixou no meu peito. Você não tem noção da vontade que eu estou de te abraçar bem forte, tipo aqueles abraços de urso; de como eu estou com saudade dos nossos desentendimentos; das suas pirraças; suas risadas cínicas; sua pentelhação; dos filmes que assistíamos juntos no sofá da sala; das nossas invencionices na cozinha; das nossas artes, armações e acordos quando nossos pais viajavam e deixavam a gente sozinhos em casa.

Sinto tanta falta de sua companhia. Eu te amo tanto. Vou te amar sempre, pode ter certeza, eu vou te amar, seja aqui e agora ou em qualquer outro tempo ou lugar do mundo.

Glória Maria Soares Jacobina

ÍNDICE DOS POHEMAS

APRESENTAÇÃO

Em oito de novembro de 2012, ainda de madrugada, o telefone tocou. Elvirinha acordou e atendeu. Era uma delegada de polícia para informar sobre o acidente de um veículo de nossa propriedade com uma vítima fatal. Não vou discorrer aqui sobre a carga de emoção que nos envolveu desde aquele telefonema até o desfecho final de todo o procedimento. Vou destacar, apenas, alguns pontos que acho interessantes a esta apresentação.

Dentro de minutos, depois do telefonema, estávamos no local do ocorrido. Pelo estado do carro não havia dúvida, não podia haver sobrevivente. O corpo de Henrique, nosso filho de 21 anos, estava preso nas ferragens. A mãe se desesperou. Pegou o celular e passou a ligar para várias pessoas. Seus olhos se derramaram em lágrimas. Ela se virou para mim e me perguntou, em tom de desespero, o que seria comum a muitas pessoas naquela situação, "e agora, Djalma, o que vamos fazer?". Eu não tinha resposta. Há situações na vida para as quais não tem o que se fazer. A morte é uma delas. Respondi apenas "tenha calma tudo vai ficar bem". Do nosso lado, um agente de polícia e uma delegada assistiam a tudo, como a tentar interpretar nosso comportamento para nos ajudar no que fosse preciso. Enquanto Elvirinha se agitava, telefonava, explicava, tentei pegar mais algumas informações sobre o ocorrido. Nesse ínterim, o policial se virou para mim e me perguntou se eu era médico. Eu, sem entender a pergunta, respondi que era um servidor público. Ele continuou a me olhar, como a tentar entender algo. Eu sorri para ele e disse qualquer coisa sobre a vida. Depois de minhas palavras, ele descontraiu o cenho e nos aconselhou ir para casa. Logo os bombeiros chegariam para tirar o corpo das ferragens; com certeza não seria uma cena muito agradável para os pais, foi como justificou. Achei sensata a sugestão e convidei Elvirinha para seguirmos, afinal, necessitávamos tomar algumas providências.

O curioso nisso tudo foi que em nenhum momento eu tive qualquer tipo de impacto emocional que me abalasse de verdade. Henrique sempre foi muito ligado a mim. Além de pai e filho, éramos dois grandes amigos. Proseávamos molequeiras e coisa sérias. Sempre tivemos uma frequência muito próxima.

No primeiro momento, ali, no local do acidente, eu ouvi uma voz, "seja bem-vindo à verdadeira vida". Eu não sabia de onde vinha aquela frase. O que eu pressentia — e isso eu só viria a entender mais tarde —, eram presenças invisíveis que me transmitiam uma tranquilidade sem tamanho.

Participei do velório com o mesmo estado de espírito. Eu não conseguia me enquadrar no padrão de pai de defunto, triste e desesperado. Ora, para mim, o ocorrido, apesar de um fato de extrema importância na existência de qualquer ser vivo, não era razão para desespero. Eu estava no velório do corpo de um cara como Henrique. Talvez o leitor se pergunte, sim, e daí, ele era diferente dos outros? Logicamente que a resposta não pode ser dada por mim, que sou o pai de tão insólita figura. Ou, talvez, não seja mesmo o caso para uma pergunta desse tipo. Henrique era, sim, diferente como pessoa, mas isso não o faz melhor o pior do que os demais, todavia, destinatário de uma missão que poucos poderiam cumprir.

Talvez o leitor se pergunte: "que missão tão importante seria essa, meu Deus?" A resposta será encontrada após a leitura dos livros *Pohemas com Hagá* e *Diáhlogos com Hagá*, com destaque para este último, onde Henrique se manifesta claramente sobre sua visão de vida e pós-vida corporal.

No dia 09 de novembro de 2012, seguinte ao acidente e às cerimônias de destinação do corpo, sedento de saudade de meu grande amigo, eu me preparava para tomar banho, quando Elvirinha me pediu para escrever uma mensagem a ser distribuída na missa de sétimo dia.

"Escrever? Para a missa de sétimo dia? Que missa?!

Henrique não era católico, sequer religioso", retruquei no ato. Ela insistia. Para não discutir mais, fui tomar meu banho. No banheiro, em frente ao espelho, surgiu-me uma vontade de falar com meu querido Rick. Eu ainda não sabia que podíamos nos comunicar nessa nova situação. Olhei fixo para minha imagem e pedi para ele me dar um sinal de sua presença. Que me dissesse se queria a tal mensagem, que me orientasse. Achei-me tolo com aquilo. Talvez a intensidade da emoção daqueles dias tivesse me deixado um pouco abobalhado, pensei e fui para o chuveiro.

Depois do banho, abri o computador e vi uma mensagem de e-mail. Era de Ianne, a namorada de sua primeira adolescência e muito amiga nossa. Ela dizia ter recebido de alguém um poema feito por Henrique aos onze anos de idade. Estava numa coletânea, produzida pelo

Colégio Antônio Veira, instituição dos jesuítas de Salvador, onde ele havia estudado. Uma jovem, que tinha sido sua contemporânea no colégio, mas que não o conhecera pessoalmente, tocada pelo trágico acontecimento, teria se lembrado do livro e fora revirar seus arquivos, até encontrá-lo.

O poema é uma verdadeira profecia. Digo isso, sobretudo, porque surgiu assim, naquele momento, de forma tão inusitada, como uma resposta imediata a minhas admoestações, de minutos antes, no banheiro.

Depois de ler a mensagem, eu saí da frente do computador para dar uma notícia a Elvirinha, "Olhe, a mensagem para a missa já está pronta e quem a fez foi o próprio Henrique".

Ela ficou espantada e quis saber mais. Passamos, então, a analisar a poesia.

De início, Henrique nos disse que estava navegando pelo lindo mar. Deu-nos, com isso, a notícia de sua situação naquele momento. Ele estaria bem, vagando por uma imensidão equivalente à do oceano e que não tivéssemos nenhuma preocupação. A referência ao mudinho e, na última parte, e ao casco da tartaruga refletiam sua situação de desencarnado, de ser em outra dimensão, já sem corpo e sem poder articular a voz, como fazemos por aqui.

Em outro trecho, uma mensagem que entendi direcionada a mim, porque a dedicatória do exemplar que possuímos em casa havia sido, na época, para minha pessoa. Diz o verso que quando ele estivesse furado eu navegaria em seu lugar. Eu só viria a entender esse recado bem depois do acidente, quando iniciamos nossas comunicações *ex post facto* e decidimos pelo projeto dos livros que escreveríamos juntos. A parceria literária estava, assim, selada desde há muito. A mensagem me dizia, claramente, que ele daria seu recado de navegante e eu redigiria (leia o poema completo logo depois desta apresentação; a dedicatória original está na segunda capa deste livro).

Se o mistério que envolve a existência de Henrique, no que tange a seu destino e missão, veio à lume aos onze anos, com o referido poema; não parou por aí. Aos dezoito anos (em 2009), ele preparou uma peça de teatro que foi a público no Teatro Jorge Amado, aqui em Salvador. O texto, uma bricolagem feita por ele, a partir de vários poemas de diversos autores, é uma verdadeira profecia declamada em público. Quem assiste ao vídeo tem a impressão de ele ter feito a apresentação depois do acidente e não três anos antes (o vídeo está no YouTube; procure por

"*Show Magia Henrique Jacobina*", assista e confirme o que estou dizendo).

Os poemas do livro *Pohemas com Hagá* foram compostos, muitos deles, depois do acidente. Alguns são de minha autoria; outros, de Henrique; outros, ainda, dos dois. Nos poemas não estão identificados quais são meus e quais são dele, tampouco o momento em que foram escritos. Certamente, alguns o leitor poderá identificar, mas não acredito que isso seja importante. Portanto, acordemos quanto ao momento sempre presente para a leitura — pois assim deve ser lidos qualquer poema — e, quanto à autoria, vamos ficar com a parceria pai e filho para todos eles e ponto final.

Alguns poemas refletem o sentimento de Henrique Jajá, estudante de sociologia e direito. Sua indignação em face da vida. Outros foram escritos após sua partida para a nova fase e refletem sua visão em face do ocorrido. Por exemplo, como ele viu a situação da mãe e da jovem irmã, Glorinha — de apenas quatorze anos na época — e do irmão Felipe (23), que estava na Coreia do Sul a estudo.

É bom que se entenda que as duas obras (Diáhlogos com Hagá e Pohemas com Hagá) não têm natureza doutrinária, ou seja, não são textos que prometam a redenção do juízo final. Rick sempre se preocupou em não levar seus discursos para qualquer tipo de altar. Desde o início acordamos que tudo o que escrevêssemos teria um objetivo que entendemos o mais nobre possível, trazer um lenitivo para aquelas pessoas que perderam algum ente querido e que não encontraram o conforto suficiente e necessário nos discursos religiosos atualmente em vigor. Para aquelas que estão realmente convencidas de que a fé que seguem é a mais pura expressão da verdade e lhes atende, os dois livros, sobretudo o *Diáhlogos com hagá*, poderão não ser muito interessantes. A melhor recomendação é que persistam em sua fé. Não há nenhum prejuízo nisso, como sempre frisou Rick.

Por último, espero que as leituras de ambos os livros sejam agradáveis e proveitosas. Que possam trazer ricos momentos de reflexão sobre a vida e a pós-vida corporal.

Quanto a mim, quem já leu meus livros, de alguma forma, já me conhece. Quem ainda não leu, fica o convite. Muitas dessas obras foram reeditadas no site amazon.com, procure-nos por lá.

Djalma Vasconcellos Grandson

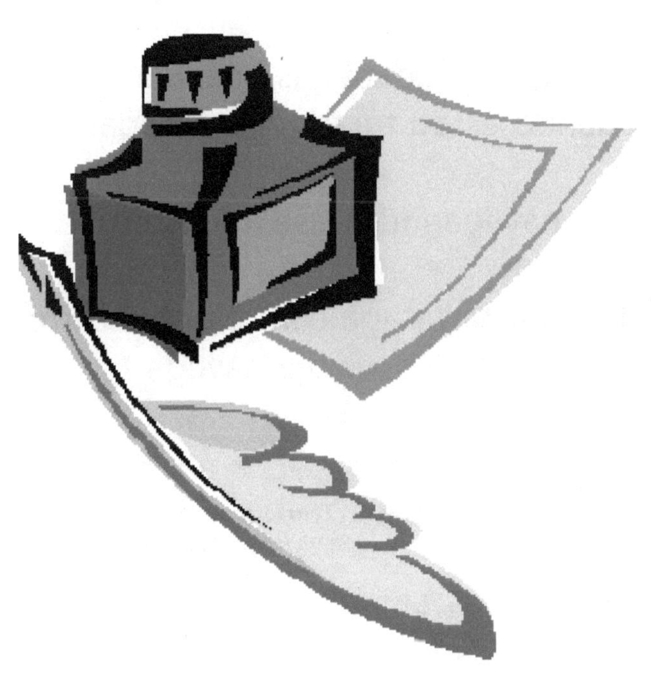

QUEM SOU EU?

Vivo navegando pelo lindo mar
Eu não sou mudinho, mas não sei falar

Não tenho nadadeiras, mas eu sei nadar
Quando estou furado, você nadará!

Vivo navegando nesse imenso mar

Não sou tartaruga com casco a carregar.
Eu sou o barco, vivo a navegar!

Henrique Soares Jacobina
(poema feito aos 11 anos de idade)

PRIMEIRA EXPERIÊNCIA

A estrada mudou
Já não há mais asfalto
Pedras pululam soltas
O vento sopra convidativo

Não sei se sigo ou se fico
Se for, não sei para onde
Se ficar, não sei por quê

O melhor caminho seria o de chegar
Só que me ocorre é o do estar
O meu viver era o do partir
Se sempre foi assim, sempre será

Vou dar uma volta, quem sabe
Se as perguntas tão fixas
Não encontram respostas transeuntes
Que me colham deste meu estranho pensar

SENHOR SOFRIMENTO

Eu sou um homem, apenas um homem
O sofrimento em mim tropeça ao andar
Em seu trajeto tempero do existir
Com seu caminhar desaprumo do fazer

Minhas lágrimas são só consequências
Do azedume acre que me doe as vistas
Água de sal, água e sal de um puro cantar amargo
Compulsório do decreto gracioso da vida

Há pedras, há rios, há mares,
Mas é em mim que ele tropeça
Como se o seu viver fosse somente tropeçar

Ah! Sofrimento infame, por que não esqueces a vida?
Que praga infeliz és tu
Que até com o louvado amor se mancomuna?

Que lucras com o padecer humano?
Que gozo te dá o olhar de uma criança faminta de tudo?
Que satisfação te traz o padecer de um enfermo?

Que prazer há para ti a saudade interminável da morte?
A injustiça, a agressão e toda a estupidez humana
Por que te comprazem?

Por que não é bastante apreciar o aroma das flores
O cantar mavioso dos pássaros
O azul instigante do mar
Numa suave postura de um amor puro e infinito?

VOCÊ

O conhecer, o saber é muito mais
É poder, saber dizer sobre o viver
E viver é o querer. Querer o quê?
Um tal fim que não se acabe

Há o fim que não se apela
Que atropela e não acalenta
Atormenta o bom viver
É o fim do não saber

Há o fim que sempre eleva
Santo fim do conviver
Da resposta ao encanto
Do humano bem-querer

Para saber do fim fraterno
Do eterno bem viver
Basta ouvir em tom mais terno
O ritmo da palavra "Você"

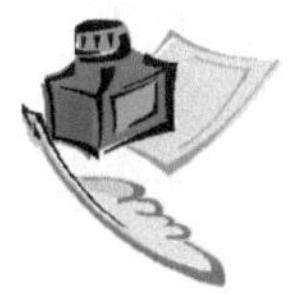

O MEDO

Não eram os pintassilgos que cantavam para nós
Muito menos grilos com seus tons cricris repetidos
Eram os rouxinóis, os rouxinóis, eram eles?!
Não tenho certeza, mas era certo um mavioso cantar

Hoje não é a história que me detém
Fiquei preso numa teia diversa do tempo
Enredado por um mesmo agora do trasantontem
Cada vez mais distante, distante...

Há um caminho, mas não é o espaço
O que me separa daquele lugar
É o medo, assim, o medo
De um dia me esquecer daquela delícia

E jamais poder recordar

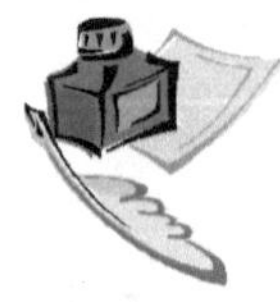

O SEGREDO

Um espírito preso aos velhos recantos do mundo
Jarros translúcidos e opacos como ilhas alheias
Pontas de pregos em rachas de madeira, pouca luz
Uma cola difusa de intenções outras e além

Que têm essas ilhas soltas com um navegante?
De onde vêm as rachas de madeira?
O medo ampara os preceitos e o efeito é agudo
Sem jeito procuro a mão do sujeito e é tudo

Que fará um passo solto dos velhos caminhos
Sem o porte fixo dos pregos no novo viver?
Quem sabe dessa história se liberta e se reluz
Não há pregos e tachas que repreguem esta vida

Há o apego de graça a uma ilusão ressentida
A nova vida é solta do nada e amparada por tudo
É o segredo do aflito que se nega do mundo
A nova cabeça deve se formar assim

Ou, quem vai te curar, obtuso?

DESPETALADA VIDA

Sinta a seda deliciosa da pétala da rosa
Sublime ao tato como seu aroma é ao olfato

Veja o arranjo, a plasticidade de suas formas
A cor, delicadamente escolhida pela natureza

Podemos viver para sempre a apreciá-la
Até que um jegue doido a devore sem piedade

NAVEGANDO

Balanço para lá e para cá
Minha frequência é a do balanço
Não tenho espaços para caminhar
Essas estradas longas, duramente longas

Está aí a inclemente história
Parece difícil até de acreditar
Mas continuo presente no tempo
Em todo ele e em qualquer lugar

Já pisei meu passo profundo
Nesse mundo já estive a vagar
Hoje sou como um poeta sem peias
Que vagueia sobre as ondas do amar

SAUDADE

Fala, querido, fala!
Que tua frequência sinto ao longe
São murmúrios tão doces
Como teu tom sublime de voz

Sibilam os pássaros
Pululam os grilos
E tua tez me acompanha
No silêncio das noites

O orvalho umedece meu pranto
É uma lágrima solitária
Que me escorre à face
Quanto ouro do mundo eu daria...

Um abraço e o calor de teu sorriso
Seria o preço de minha eternidade
Eu a venderia ou a daria graciosamente
Minha alma que morresse para sempre

Não fui eu quem inventou o amor
Mas com certeza nele acreditei
Quem me diz agora que o amor vale a pena
Não sabe que não tem pena maior

Que a enormidade da distância
         de um grande amor que partiu

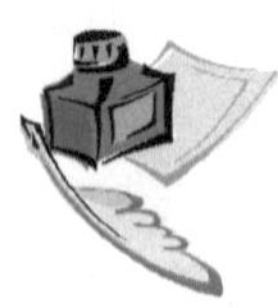

FUTURO SABER

Há portas que não se fecham
Com chaves que não se têm
Há cômodos que estão abertos
Há certos saberes sem

Há coisas que não se cerram
Como portas se há também
Tão sábios doutores vexam
E sem o ver da verdade veem

Meninos que ainda não sabem
Os quês e os porquês do além
Abuso de uma tenra idade
Ou vaidade os deixa aquém

Crescer é o que se há no tempo
Buscar o saber que vem
Sem vento no pensamento
Rever a passagem tem

Que um dia a tal chuva chegue
A trazer o saber para o bem
Irrigue a boa veia da sorte
Destino para todo alguém

O AMOR FRATERNAL

Outrora uma pedra do rio
E a mansidão da água a passar
Eram dois irmãos em um ninho
A água, o carinho; a pedra, o amar

Havia uma folha regente
Que vivia festiva a bailar
Dava ritmo suave à hora
Que servia de moldura ao luar

Tudo foi apenas um momento
Só com tempo para se avaliar
Muita chuva e do céu todo vento
Tormento de um tenebroso pesar

A pedra saiu de seu canto
A folha despencou sem nadar
E um fado tenebroso se ouviu
Quando o rio deixou seu lugar

FURIBUNDO

Necessito de valores para prosseguir
O motor de combustível para funcionar
Valores queimam na alma
Gasolina queima no vento

Sempre há encontros e desencontros
Que com uma mola mestra perfeita
E um amortecedor, tudo se ajeita
Desde que seja possível ajeitar

O tempo, filho grandioso das diferenças
Parou porque o minuto travou
É que o minúsculo segundo tremia
Pela hora malvada que passou

O tempo molhou o chão, furioso
Urinou-se de tanto se revoltar
Furibundo com o chão
Furibundo com o mundo

Era um tempo do novo,
De um novo despertar

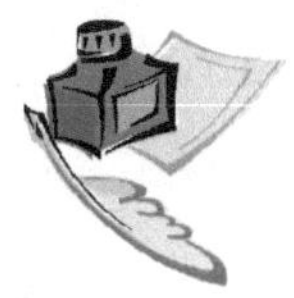

BRILHO DE DEUS

Afastem-se de mim certos tipos alheios
Tão folgados de si e sabidos que são
Tão matreiros no jeito
Tão cheios de preceitos
Que resguardam direitos
E aquecem no peito valores de cão

Esqueçam-me assim os argutos falantes
Dos discursos tão belos
Das palavras difíceis, das doutrinas douradas
Cujo fim afamado que busca é amarelo

Do ouro que brilha, do tosco eldorado
Como fim de uma vida, uma vida no fim
Reduzida ao sabor de um algo ligeiro
Um gozo qualquer, um manjar de colher

Só cultivo o sabor do querer diferente
Do saber encontrar, do floreio decente
Quero gente brilhante que saiba amar
Que suspire ao ouvir, que reflita ao falar

Querer o brilho de Deus é um difícil querer
Mas tão bela essência já lhe vale o esforço
De tentar alcançar um milagre de fé
O melhor de uma vida não é um flerte qualquer

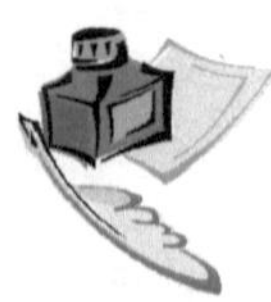

A LOUCURA É A PORTA DA REFLEXÃO

Vá lá, deixe-me ligar o ventilador
Faço isso por pura ocupação,
Nada mais tenho a fazer

Calor? Já não me incomoda.
Há um canto qualquer...
Deixa-me escrever, vai!

Espero o julgamento dos justos/injustos
Há a defesa da prole, o mote do bem
Se a lida é quieta te prometem o além

Quem há de julgar o ladrão do templo da vida?
Não tenho sequer uma interrogação que me valha
São tralhas, tralhas, começos atrozes de vozes
Zunidos de efeito que queimam na mente

Queria apenas uma manga madura para chupar
Um pouco de água fresca e limpa na concha da mão
Um vento faceiro na face, ligeiro
Ver uma folha que cai sem resposta ao tino
O acaso do arrimo sem um deus para rezar

A certeza da rede tramada da vida
O espaço da dor, seja ela o que for
Que se vem, que se vai...

Ah, meu Pai! Ah, meu Pai!
Que sedento que estou de palavras mais leves
De um carinho salutar que liberte minha vida
Que me apague o encalço, que trucide esta lida

Uma coragem em pó dissolvida no leite
Um aceite da morte como sorte, um desdém
Vai, que me chegue na mente o alento perfeito
Desses belos rumores calados ou cantados que têm
A resposta tão muda da pergunta mais surda
Que se faz escutar como um timbre perfeito
De um grito selvagem que almeja em seu canto
Alentar com um manto todo berço de dor

Vou berrar, vou fugir, caminhar ao relento
Já não temo os solfejos das almas
Resíduos cansados de castigos malvados

Que me valem as certezas/torpezas
                        que me levam ao topo?
Saia o tempo do tempero imperfeito
O temor do terror, a semente dos vírus
O discurso amanhado em palavras mortíferas
Eu sou eu, como jaca no pé,
                        bebo água de córrego
Na serra da morte, no antro da ilusão

Eu busco o que busco em caminho intragável
Degluto o seu chão, digiro suas pedras
É tudo um nada?
Infeliz conclusão essa que mata o tempo que passou

Sou o que sou, mas não sou meu
Sou um brinquedo de alguém
Tenho a dor por minha dona, a fome por meu termo

Sem a dor, sem a fome, a morte me come
E ainda não se satisfará com indigesta ração

Há um segredo de luz, diz Porfírio assim
Junto as mãos para rezar e elas me caem:

Brinquedo não reza, brinca e quebra.

MORTE

A morte não é um fazer
Um construir, um adoecer
Terrível em sua lida
Ou um não ter vida
Como um parar, um só calar
Um não dizer

Quem sabe, falando assim
A vida espanta,
Da morte, o medo
Do cedo ou tarde
Pretenso fim

A morte não é um ser
Ou um não-ser
Que atormenta

Não é um ato
Que tira a vida
Não é um relato
Ou uma ferida

A morte não é um ponto
Que encerra uma história
E dá o seu final

A morte, a certa morte
Não é um serrote
Que serra um poste
E nem morte é

DIA DE FARAÓ

Era uma melodia distante da lida
Que se fazia ouvir toda manhã
Audível ou não, urdia aquelas vidas
Com o aroma da flor da maçã

O jardim tinha pés de suave rotina
Do cotidiano brotavam em sementeiras
Rosas que desabrochavam meninas
E alegres se haviam prazenteiras

Eté que um dia faraó chegou
Como previu o jovem viandeiro
Sobre um secreto destino destemor
Em um antigo poema agoureiro

Não houve rios de sangue no encanto
Tampouco primogênitos tiveram fim
Só um gafanhoto que abocanhou aquela rosa
Uma das mais belas de um querido jardim

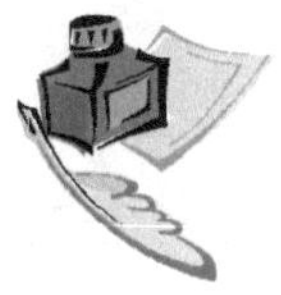

DIA DAS MÃES

(Para minha mãe Elvirinha)

Eu seria uma nuvem no céu
Eu seria uma águia ao vento
Eu seria apenas mais uma flor no campo
Sou, todavia, uma estranha mão no teclado

Com uma palavra de amor, qual seja
Que te traz a certeza de mim
Que te faz o teu dia de princesa
Sem essa triste incerteza do fim

Eu sou teu horizonte que almeja
O que há de mais feliz para ti
Eu sou como um passarinho
Que distante corteja
                    a flor que ...

...Sempre serás para mim

(H..., de tão perto e tão distante)

O SONHO

Estava tudo fechado
Eu nem sei o que queria por lá
Sequer fui, mas cheguei
Encontrei um pequeno recanto
Que já tinha dono
Aluguei o bocado
Só não tive como pagar
(Mas eu necessitava estar!)
Era um sonho,
Mas o que me fez sonhar?
Sequer dormi
E já necessitava acordar

EPIFANIA

Busco minha epifania
Em um suspiro gratificante de amor
O sublime justificante da dor
De um dia, do dia a dia, de todos os dias

Não a encontro na pedra dura do chão
Ou na folha da árvore amena
Numa chávena de chá, no chaveiro de pó
Na chave do chalé
Que não guardam o viés da vida

Quem sabe uma palavra mágica
Sem a semântica burilada
Enquadrada, dicionarizada
Ganhe a vida e pague a morte
Em seu humano revés

E o tempo presente, tão ausente
Se rebele contra o passado, atrasado
E faça do futuro atrofiante, tão apresado
Seu distinto aliado

Assim, o espanto, o encanto
E tantos cantos mais
Trarão a mim a gloriosa epifania
Como preço do dia a dia

Sem tempos ou paixões
Sem eros ou thánatos

Sem logos ou páthos
Dionísios diferentes
Sem Apolos tão somente
Ou misturas quaisquer

Algo novo, repensado
Um *insight* iluminado
Um eureca, novo amém

EU QUERIA

Eu queria juntar um bando de coisas
De pessoas que não dissessem amém
Tal porcos cevados em um chiqueiro
De carros malvados de olhos vermelhos

Eu queria usar uma arma poderosa
Que atirasse sílabas perfeitas
Em rajadas conjugadas
Munições dicionarizadas
Que perfurassem tímpanos
Com seus Houaiss, Houaiss, Houaiss

Granadas aurelizadas
Estilizadas, ou sem estilo
Que destruíssem mentes conformadas
Com a guerra paz

Eu queria lançar línguas tenebrosas
Que aterrorizassem as regências
Com argumentos ferrenhos
De certezas ferinas
Como baionetas afiadas
Nas tripas azedas da estupidez

Eu queria um machado ousado
Que soubesse desvirginar raízes
Sem engravidar consciências
E sem corromper a criatura

Ou um serrote articulado
Sem essa manha tacanha
De um doidivanas da fé

Para serrar os barrotes
Usados nos corrimãos
Para organizar o sentido

Que nem tanto sentido faz
Do hábito de caminhar

Eu só queria mesmo
Era um instrumento de graça
Para fazer rir os que hoje
Só podem chorar

ESTÔMAGO ENGANADO

Penso na esperança do tudo
Vejo a esperança de nada
Já que o tudo é tão grande
Que também nada representa

Não busco
Um muito que só aparenta
Um nada tão presunçoso
Um perfeito engano do fato
Um querer ser tão teimoso

Enxergo no trajeto da causa
Em busca da solução
Sob a fumaça do fogo
Uma imperfeita combustão

Sinto o calor da fornalha
A sapecar o pernil esperado
Uma pirraça ao saciar da fome
Do velho estômago enganado

FRAGÂNCIA DISTANTE

Eu sou um expurgado da vida,
Por isso não canto em louvor
Que me perdoem os poetas
Que preferem cantar o amor

Não vi razão para sorrir
E quando, por isso, excluíram-me
Eu também não chorei
Pois as lágrimas seriam molhadas
Que nem as águas do rio
Que lhe moldam as margens

E vendo esse conluio tratante
Distante me fiz do almaço
Não escrevi uma linha sequer
De um gesto sincero, um abraço

Que me perdoem os poetas
Que cantam e decantam o amor,
Pois o fazem sem encontrá-lo
Em sua pureza bastante

O fazem por só pressenti-lo
Em uma fragrância distante

A FLOR

Que flor rebelde é essa que canta
E, no agito do vento, frenética, dança
Com a chave do enredo que me abre o calor

Um sorriso de flor que esconde o abismo
De um tão alto barranco que me permite voar
Que tu pensas, pequena gigante
Para além desse lampejo estupendo das pétalas?

Não me vem ao gargalo a sede de amor
Tuas pétalas tão rubras insistem em dizer
Sou uma flor, sou uma flor!
Mas...que me diz teu verdadeiro cantar?

Tua semente parece, enfim,
que para mim germinou:
És um broto que almeja o Sol

Não sou sombra que te impeça o viver
Sorri para mim que te posso servir...

Mas, o amar já não posso a ti prometer
Só palavras a um fim, uma mágica contar
É que o tempo me fez tanta força...
Ô, tempo, vê se ajuda essa flor a desabrochar!

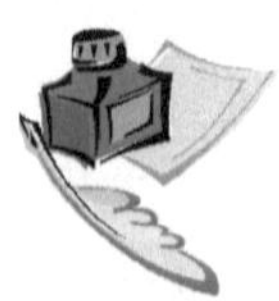

A TIA VELHA

A tia velha não tinha medo da vida
A vida velha estava com medo da morte
A morte incerta era intranquila em seu ser
Seu desencanto estava em qualquer lugar

Lugar é esse que não se sabe por onde
Por onde esteve, por onde se vai mostrar
O fio incerto de uma certeza infame
Que mata o tempo de quem só quer respirar

QUATRO TESES

Por que as paredes do mundo
Refletem um som desigual?
São quatro as teses
(e olhe que eu nem sei contar):

Há um homem no canto do muro
Fazendo a poesia do nada
Olhando a vida e dizendo o não

Há o nada e o não em sabores diferentes
Desarmados de tudo e dos sins cozinhados

Há o banquete perfeito
De uma grandiosa afetação
Sem o temor do vazio rarefeito

De um fim que ameaça o começo
Do início que promete o talvez
E o nunca que se apressa em chegar
Como uma fruta sem miolo ou caroço
Ou a falta de um osso a uma perna para andar

Foi assim que entendi o que era ser gente
Foi aí que encontrei meu lugar

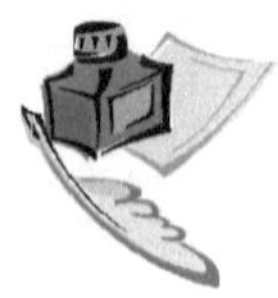

O CAMINHAR

Precisava falar outra coisa (não a mesma coisa?)
O que é que há?
Mudar o procedimento...

Apoquenta-me o procedimento
Ele me levou e nunca me fez chegar

A ciência foi o ouro
Olhe o método
Onde estamos
É muito? É pouco? O caminho ou a perdição?
Talvez ainda seja por aí

Ter um caminho pode não fazer chegar
Ao menos permite poder trafegar
Traz o conforto de alguma ilusão
Quem sabe, nem tenha fim essa estrada

E seja o viver tão somente
Esse mesmo teimoso caminhar

A ÚLTIMA PÁGINA

A última página do caderno
Quase o fim
Do quase nada
Que guarda o interessante

Que seja a repugnância da arte
A revolta contra a mediocridade
O que mais? Não sei dizer ou não posso falar
Escrevo pelos poros a quem quiser ler
Ou puder ouvir

Uma força, ou não, é o que me incomoda
O que afinal é isso?
Posso saber porque os outros já sabem
Ou pensarei a primeira resposta?

O que o livro pode me dar?
Dê-me um livro
Em resposta
A uma pergunta que ainda não foi feita

Na última página do meu caderno
Perguntas emolduram
Meu novo caminho a caminhar

ENTREVISTA

- E sobre o amor, o que falais?

Digo a ti que a rima já indica o caminho
Que doira a dor, isto é para que serve
Que mais serventia teria?

- Vá lá, que amargor, diálogo sedento, faltoso

De doce não tem tanto a vida
Só se enganado estiveres,
O que é a boa poesia
Senão um doce desencanto?

Entretanto, vige o verbo da palavra
Ação em todas as conjugações
Fazem partir o entender
Se ele existe já tens a solução

Se não a sabes, não te apoquentas,
Nem assim deixará de existir.

- E se eu quisesse chegar
Para onde nunca tivesse partido?

Aí, sim, um dia chegarás
Pois, se redondo é o teu pensar
Se te voltas a pisar sobre passos dantes
Que novo caminho irás seguir?

- A vida está aí, nem tu a entendes
Que fazer, esperar?

Quem sabe um dia entenderás
Que na rua há muito mais
Que pedras no meio do caminho.

- É essa confusão, tanta gente
Seria melhor com menos?

A soma incomoda?
Aprenda a viver, é a moda

A lei para dois é pouco
A sentença para todos é muito

É dito:

A vida tem que ter um rumo
Uma direção, um prumo
A cabeça, um juízo
O coração, um sentimento

É a vida, como pretensa expressão
De uma pureza

Que se quer...
                    ...divina.

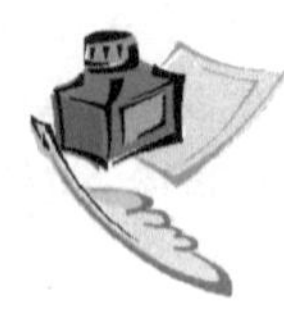

GLÓRIA

(para você, minha irmã)

Se há uma flor que germina da fé
E um sorriso que surge do amor
Há uma menina que se fez tão mulher
Em um momento de grande clamor

Foi uma lágrima de sal que eu vi
Que brotou de seus olhos de mel
E percorreram um caminho de sentir
Em um trajeto distante de um céu

Foi de fel o instante assassino
Que roubou o encantado do ser
E transformou um viver tão divino
Numa fábula de total desdizer

Mas assim numa vez decidida
Sua essência se fez de louvor
Revoltou-se contra a sina da vida
Recusou-se a vergar sem furor

O amor que dispunha foi bastante
Para rever seu semblante caído
E a menina se ergueu no instante
Do gigante trompaço sentido

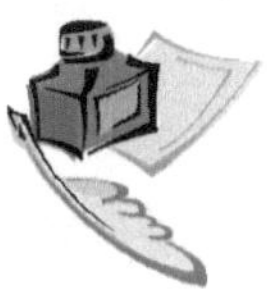

FELIPE

(para meu irmão, em Seul)

Uma distante luz sobre uma mesa
Ora acesa, ora apagada
Talvez lhe caíssem gotas de orvalho
Ou, quem sabe, tristes lágrimas salgadas

Tão longe, esse ponto candente
Que piscava como quem sofria
Um soluço de dor tão pungente
Ah, que comovente mistério te havia?

Talvez de um amor bem distante
A saudade era o que o corrompia
A luz, vacilante, apagava
E às vezes também acendia

Quem te estava tão longe?
Olhava e nada entendia
Só sentia a magia do agror
Do teu distante lume que ardia

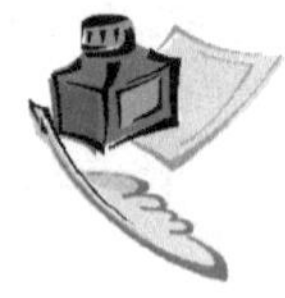

PRIMEIRA SEMANA

Li e reli meu novo "tempo"
  ele veio sem textos e parágrafos
    é tudo uma coisa só
      é nada e é muito
        talvez eu ainda não o entenda

Cores? Não as vejo
Sequências? Não, não há
  mesmo nem vejo por que haver
    o antes, o agora, o depois
      não fazem muito sentido
        se não se tem o que se esperar

Saudades, ah! Essas infindas
  só dos tempos sequenciados
    aqui parece que estamos com tudo
      e com todos, não falta nada ou ninguém

O "encarnado" não passa de um "imagético"
  agora, o porquê disso tudo
    eu ainda não sei, apenas tenho impressões

Nem sei se há alguma razão para o existir
  veja bem, pode até haver,
    eu é que não a conheço

Essa questão de causa/efeito...bobagem
  só existe entre os imagéticos
    por aqui não se fala sequer em causa
    quanto mais em efeito

Não é necessário se fazer para se conseguir
Somente isso é o que me vem por ora

Por aqui, tudo se há, se existe e pronto
    ou vai se indo, ou ficando, que tanto faz

Se é melhor que aí, não sei, pessoalmente
Acho aí mais emocionante, mais instigante

O sofrimento, na verdade, não é uma depuração
    é apenas uma carência de prazer

Tempo haverá em que não se falará mais nisso
    de forma tão desesperadora
        estamos caminhando nesse sentido

Trabalha-se, na "imagética",
        para se chegar ao modelo

Ah, aí será a perfeição,
        que ainda é inalcançável nesse sentido

Unir-se-ão as duas semânticas
        o constante perene daqui
            com o apimentado e saboroso daí
            sim, talvez, veja isso

o sabor é o que parece dar razão à coisa toda

Essas dimensões são assim
    no bruto, a "imagética" puxa
        o indivíduo para o "sabor" dos sentidos

Qual a razão disso?
Há uma necessidade? Não sei
Pelo que vejo, há, sim, a busca do prazer

Porém sinto que há algo a mais
    dentro do próprio prazer
        uma gradação infinita
            onde os prazeres primários
                são tão brutos
                    quanto as pedras de uma fundação

Esse prazer crescente
        e sublimante com sua ascensão
            parece que necessita da vida imagética
                não para se realizar
                    mas para se ir fazendo
                        numa espiral crescente

A vida, enfim, parece-me ser
            um belo gerúndio espiralado

ORDEM E PROGRESSO

Quero uma piscina com águas vivas
Tão mortas que não lhes caibam dentro
E queiram se derramar numa força medonha
Que é a misteriosa força da morte

Quero uma porta aberta
Em um sem tamanho
Quero estar em uma ponte
Construída para um passar sem fim

Quero que o tempo ressurja
Tão descontrolado
E que o descontrole seja
Bem mais arrumado

Que o que está contido
Não mais se conforme
E o conformado
Não mais se contenha

Que a luz se apague
Em um lampejo de vida
Que novo lampejo surja
Sem acender um lume

E que a Ordem afunde
Em um Progresso ousado.
Quero, enfim, um mundo novo
Sem limpos coitados

POESIA ACUADA

Sete horas da manhã
O relógio reclamou
Alguém tinha que acordar
Havia uma poesia acuada
Espremida no canto de um quarto

Poesia acuada é um perigo
Feito bicho do mato
Que com medo de tudo
Lança-se em desespero

Papel, tinta e disposição
Postos em marcha distinta
Para o destino fatal

FORÇA CRUA

Esta é a força deste meu poder
O meu trator desta minha ação
O divagar de minha decepção
O meu querer cantar, o meu querer mostrar

Se eu canto eu sei como me expressar
O sentimento é a vez do meu afazer
Se eu penso a paz, então vejo o homem
Querendo a pedra, fazendo a guerra

É da barriga esse estremecer
Da tripa tola todo malmequer
De uma razão tacanha, uma nação vergonha
Que traz o pranto que compõe meu canto

É a lágrima acre de um querer chorar
Um apegar a alguma coisa assim
Que não vê o jasmim, só o ouro em pó
Como uma razão de um viver melhor

A gota amarga de um sofrer sem dó
É o encanto triste que assiste, enfim,
A rocha dura que pulsa tão forte
No peito tosco um coração ruim

O verso dobra como batem os sinos
Gesto divino que se opõe à dor
Um olhar de irmão tão sincero em paz
Um verbo estreito a conjugar o amor

Esta é a força deste tal poder
Sem armas, fogo, só por um dizer
Amargas linhas da verdade nua
De uma lei tão crua do divino ser

NEM ISSO!

Cresci tão pouco
  que uma gota me fez assombrado

E era d'água o tempo que por mim passou
Não aprendi e não ensinei,
Foi um "para quê?" essa minha existência

Refutei cartilhas, rasguei jornais, só risadas provoquei
E o tempo sempre chegou novo no velho orgulho

Era guardado em sacos rotos,
o que eu pensava saber
Fiquei ao léu...

Gorgulhos, traças?, não, não apreciaram
O pouco que eu sabia
    não tinha sustância alimentar

Talvez só o cimento cínico da vaidade
    era com o que eu imaginava construir

Eu não sei quem desparafusara meu cérebro
Mania essa minha de buscar culpados
    para o meu infortúnio

Sequer parafuso havia nessa charneca velha
Só vento bobo, de uma petulância infantil
Nem homem sério eu consegui ser
E olhe que esse é o tipo mais fácil
                    que há para se ser

Qualquer abobalhado consegue

Nem isso, imagine só!

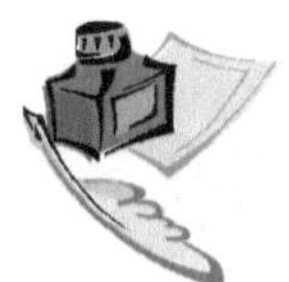

O TEMPO E O CALO

Eu falo muito no tempo
Estou tentando falar sem ele
Calo-me!, calo. Calo?
Mas, nem calo surge nesse fazer

Sem tempo não há o momento
E o espaço dele necessita...

Ah!, a vida é um calo do tempo!

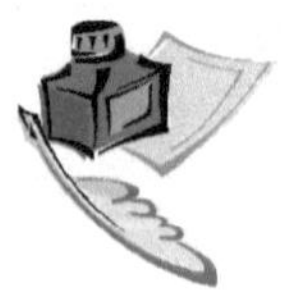

O POETA E O BARCO

Havia um barco e um branco papel
Havia um destino, uma caneta, um pincel
Havia um tempo, um que se ignorava
Havia um mudinho que ainda falava

Havia um mar tão grande, um mistério
Havia o poeta que brincava e era sério
Havia um recado, assim, do menino
Havia momentos alheios ao destino

Havia até uma tartaruga apressada
Havia uma poesia que era encantada
havia o tempo em que o mudinho se calava
havia um poeta, que já era um barco

E já então navegava

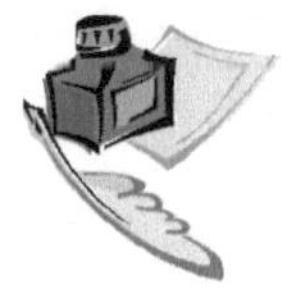

TIA MARIENE

Tia Mariene!, um de lá gritava
Minha mãe já chegou?
Anécia, a mãe de Pedrinho já chegou?!
Não, mas ligou, vem buscá-lo mais tarde

Tia Mariene ouvia e gargalhava
Diva lembrava, só por lembrar
Sábado ia ter feijoada no Leader
Campanha para prefeito
Edna e Fernando na luta

Domingo, comício no Batata
Escalada por dona Edna
Datilografava com prazer o jingle
"É ou não é, é sim senhor,
Fernando para prefeito
Lourival vereador"

Domingo, a combi de Lenito lotada
Anécia e Mariene no banco da frente
No chão a indefectível ponchete
Atrás, Teresinha Lapa ensaiava a turma
"É ou não é, é sim senhor..."

Fernando prefeito, o sonho
A luta, e era assim que acontecia
A participação de Mariene contagiava
Em muitas outras campanhas
E festas religiosas, na escola ou na igreja

Mariene sempre presente
O divino, a semana Santa
Eleições, dias das mães,
Sete de setembro, Exposição de gado
Micareta, dia dos pais, Santo Antônio
Ah, esse santo, tão esquecido...

Mas nunca lhe faltou companhia
Mesmo de longe, a família
Glorinha, sua neta, sua paixão
Elvirinha, seu anjo da guarda
Lipe e Rick, também netos, suas alegrias

A mãe, a doce Dona Elvira
Com quem tanto ralhava
Como birra de criança

Os irmãos adorados, distantes
mas sempre lembrados
Orlando, Lourivaldo, José Inácio
Carlos Soares, Antônio Carlos
Lourdes, Salvador, Lenito
Ana Maria...

E os sobrinhos da Letícia Teixeira
Esses muitos, todos queridos
Amados, lembrados, um a um
Pelos nomes, pelas peraltices

Tia Mariene, será inesquecível...
Quando me via da porta
A chegar de Salvador meio-dia
Suspendia do freezer uma gelada

"Cu de foca, Djalma, geladíssima
Só uma para almoçar..."
Sumia uma grade
O almoço ficava para a noite
Juvanete sofria com a espera

Amanhã vou tomar uma geladíssima
Só para recordar que Mariene
Para quem a conheceu de perto
Nunca deixaria a vida
Pediria, apenas, a conta

A MÃE E O MOMENTO

Um caminho íngreme estava ali
Serpentes venenosas sibilavam
Chuvas de pedras atiçavam
Vai ter que subir, vai ter que subir...

Havia um fosso tenebroso
De uma escuridão medonha
Os uivos que vinham dele repetiam
Vai ter que cair, vai ter que cair...

Feras impiedosas e famintas
Fitavam a transeunte assustada
A espera era de segundos:
Vai ter que seguir, vai ter que seguir...

As pedras caíram sobre ela
Os uivos apertaram-lhe o ritmo
E os segundos desapareceram

As feras rugiram em assanho
A cor desapareceu de seus olhos
O mundo parou e tremeu

Diante do terror do próprio existir

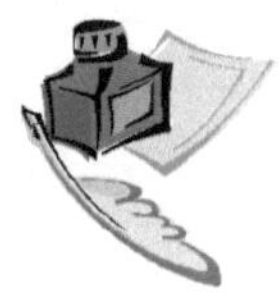

SUSPIRO FINAL

Ah! Se eu soubesse que era assim...
Ah! Se eu soubesse...
Ah! Se eu...
Ah...!

O SONHO

Vou navegar nessa nova trilha
Parto de mim como um eu na história
Cuido do remo, da proa, e da quilha
Prumo meu barco, eu não busco a glória

Está bem etéreo o chão que procuro
Dá terra dura de uma vez passada
A um povo imberbe chegará o futuro
Um árduo tempo de uma tez malvada

Enquanto ao tempo sentido me falta
Divulgo a todos o que vi em sonho
É um lamento dar poder à malta
Que exagera no querer medonho

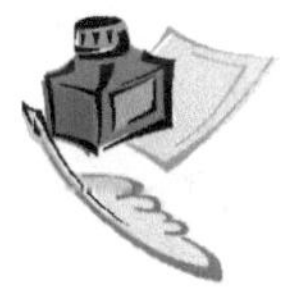

IMAGINÁRIO FRANCÊS

Vou caminhar, não há outra opção
O caminho não está pronto
Custa muito aprontar
Há roteiros que se cruzam, é difícil evitar...

Ouço o som de poucas vozes
Tom mais crítico dissonante
Sob o coro popular
"voz de Deus" tão cativante

A razão aguarda ao largo
Na esperança de um levante
Um embate decidido
De alcance acachapante

Tantos mitos se sustentam
Em provérbios perdição
Boa-fé que bem se explora
Para manter uma situação

A rotina tão amarga
O lazer televisão
E uma novela que oculta
O império da opressão

O pensar já não tem vez
O viver consome o pranto
Cidadão feito uma rês
Um estado em desencanto

Elitismo foi a verdade
Que subjugou o talvez
Tibiez da sociedade
Na fé do imaginário francês

Liberdade, igualdade
Na falácia que se fez
Do amor e da liberdade
No imaginário burguês

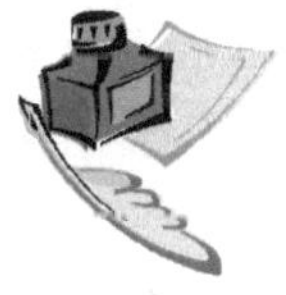

PRIMEIRAS SENSAÇÕES

Era um canto sublime cantado do alto
De uma serra bem alta de nuvens
Com um olor tão distante das gentes
Era um filho etéreo do ar

Havia um berro gigante que urrava
Aflição do vulgar do amor
Havia o embate dos sonhos de vida
Ondas vagas sem o encosto do mar

Como um eterno que anda presente
O estar se perfez sem adir
Prosseguiu em sua faina de fundo
Nas molduras das horas do aqui

E pingou o que pinga pingente
Em acesos espasmos de ouvir
Uma prenhez de uma dor renitente
Feito uma presa no ocaso de si

SEGUNDAS SENSAÇÕES

Perfil é o que ainda pareces ter
Não posso mais ver teu rosto
Quanto o mais o que pretendes
Talvez nem tu mesmo o saibas

Eu vou nessa incerteza errante
Procurando saber, cada vez mais
Sobre o terreno em que piso
Já quis mais, hoje tão pouco...

Mas daí a ser isto uma razão de viver
Ainda é muito
Nada é assim tão importante
Uma dor não pode ser a razão de um existir

Se ainda me lembro e sei o que sei
Isso pode não mudar nosso mundo
A paz da rotina é dos que se alegram
Com muito pouco

O MOMENTO

Passou-se em meu coração
Instantes que igual não há
O preço daquele momento
Foi a peso de flutuar

Pensei somente em escrever
Poemas eu quis rabiscar
Para eternizar com você
A magia daquele lugar

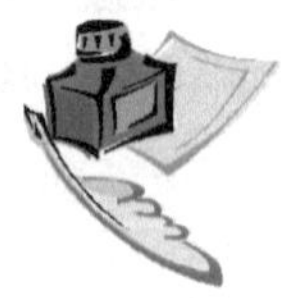

OH!

Eu me espanto e digo, oh!
Pelo simples suspiro digo, oh!
Pelo choro do vento digo, oh!
Pelo passo do pé
A caminho da serra, oh!

Oh! Que triste modinha
Essa coisa de fé
Que se amolda sem jeito
De quem se quer achegar

Oh! Que triste ilusão
Essa que não conheço
Que ameaça com dentes
Ou tridentes tão rubros
De tanto queimar

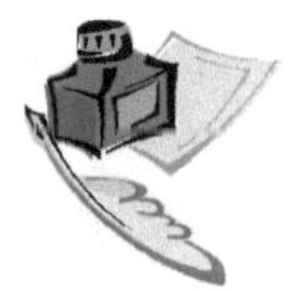

A BOA ESCRITA

Escrevo, mas não tenho esperanças
Já não vislumbro encantos
Sofro com algumas letras
De um alfabeto lúgubre

Buscam-se grilhões
Para neles por a culpa
De uma liberdade perdida
Por passos trôpegos em si

Uma boa escrita pode denotar
O deslimite de um livre caminho
Com cercas virtuais de velame
Que ocultam visões de alinho

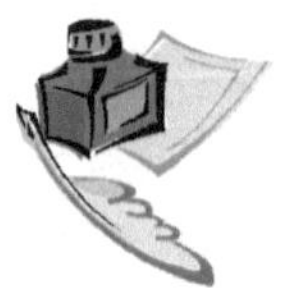

ORAÇÃO

Gota de orvalho
Que aflição que passo
Logo o Sol te some
Minha aflição não

Lua perolada por ti clamo
Ensina-me o quarto crescente
Tu que somes em quartos minguantes
E retornas cheia e feliz

Sol vigoroso de claras chamas
Que arde como escaldante imperador
Irradia meu coração de luz
Para que nele habite o verdadeiro amor

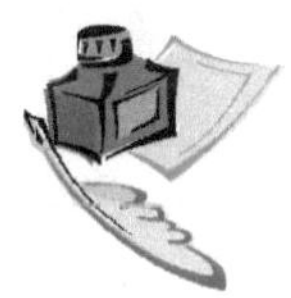

PARAÍSO TROPICAL

O que haveria se por aqui eu ficasse
E se por aqui me surgissem os amanhãs?
Seriam gotas de silêncio as preocupações
Ou teriam cheiro de flores as azáfamas?

A rotina se encarregaria do mais
O sal do mar se transvestiria em dor
Lobisomens sairiam de cachos de cocos
Fantasmas assustadores brotariam na grama

É o que haveria por aqui se eu ficasse
Para fugir da sentença do dia a dia

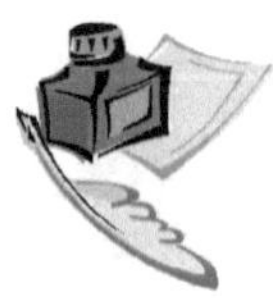

UMA LUA, A LUA

Eu vejo uma Lua sem rumo no alto
Branca e pérola em uma vez candura
Um marco eu vejo no cimo e almejo
Sobejo lanço a uma vida futura

Não tenho escada para efetivar o ensejo
O que me importa é que quero chegar
Não tenho nem mesmo uma direção a seguir
Tudo é escasso a esse meu desejar

Eu sonho que nesse dia do sonhar
Serei um pássaro em serelepe viver
Querer assim é pulsar como um coração
Imaginar estar lá, chegar, suspirar feliz e ficar

Sigo andando, correndo, voando sem fuga
Há rios sem pontes e buracos sem desvios
Tempestades sem abrigo e frios sem cobertores
Peço licença e passo nesse inefável a buscar

Por isso eu choro de saudade do futuro
Penso no dia em que te encontrar
E já canto as serenatas mais perfeitas
Das que são possíveis a um enamorado cantar

Eu verto lágrimas de uma saudade invertida
Ansiedade de um aroma invulgar
Doce jasmim de um perfume sublime
Etérea soma de um verdadeiro acordar

Só em pensar jaz a magia do afeto
Uma elegia de inebriante ternura
Eu quero estar e para lá me encaminho
Como um navio com um farol a guiar

Basta, só basta sentir que sua luz me chega
Dizendo-me então que há,
Só isso mesmo, que há
Essa magia que não é a tontura do medo
É uma sublime energia a este meu caminhar

O JARDIM

Havia uma flor, era tempo de jardim
Contei os seus aromas, declamei sua beleza
Os espinhos sussurravam para mim
Eu amava a flor e o jardim com ardor

Outras flores também me sorriam
Suas pétalas eram de brilho de Sol
Eu reguei suas raízes
De brotos vesti seus encantos

Folhas cobriram maliciosamente minha face
Amargaram de fel a minha boca
Os sorrisos desfaleceram-se para mim
O Sol se apagou do existir de suas pétalas

Muitos cravos houve também assim
Da terra vingados em esforço medonho
Revoltados e sem dó deram o troco de pó
Tratador sem valor, rebeldia sem fim

Tal jardim foi o fim, em só erva se fez
A beleza que havia só soberba mostrou
O valor que vendeu a perfídia comprou
E assim, sem amor, não restou uma só flor.

SINFÔNIA DE BASE

Sinto que há uma melodia no vento
É uma bela sinfonia, os acordes, um alento
Não estou, enfim, sozinho, sem alguém
Ouço o dizer de um sim por um canto do além

Quem a toca o faz bem, por saber o que diz
Feliz quem a ouve e recorta do som um sentir
Um amor de cingir encontrado por poucos
Um apoio ao louco do nada que é algo, por fim

A sinfonia sem igual tem um tocar tão perfeito
Um pulsar rarefeito dita uma frase para mim
É tão pouco e é muito o que surge dos tons
Um apoio ao que é justo e ao que foi tão amado
Enfim, um arroio tão afeito de sons

O recato faz dela um valor ao cortejo do bem
Não se dá a ouvir, a vibrar, em festejo ou jardim
Tem ouvidos que a ouvem, outros que sangram
Pois é uma música perfeita ao destino que tem

Melodia de quem sabe tocar sem defeito
Timbre especial e concorde com o vento
Sintonia tão perfeita e um recado bem-dado
Companhia do efeito e do amor do passado

Lampejo de encantos do tempo a santos mistérios
Magistério de uma sina para uma vida de fé
Sem memórias difusas ou apetências confusas
De um tempo mundano de enganos sem fim

OPÇÕES ETERNAS

São ícones difíceis assim
Tão altos, doídos de se ver
Só vejo um céu e uma nuvem
Que chove ou que explode
Em um sem-fim absoluto

O que me dá a ânsia do agora
Sem hora, do acontecer do sempre
É que são meios-fios, metades, portanto
Que guiam o andar

Para onde? Para quê?
E o quê, quando chegar?
O existir é obrigatório
Frente ás eternas opções?

Que fazer para não ser feliz
Nem infeliz em um tempo sem tempo?

De duas alternativas uma não é opção
Se promete à escolha só desespero e a aflição.

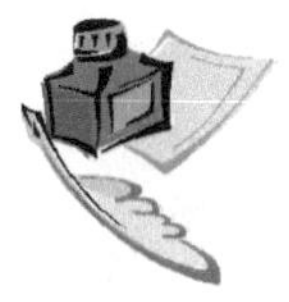

QUERO

Quero uma centena de novidades deslumbrantes
Coisas que me façam abrir os tais olhos da alma
Sem olhar com o olhar, sem ouvir com o ouvido
O importante é que seja algo de mudar
Chega de mãos de adeus ou pedintes
Quero punhos firmes e seguros
Numa serenidade de estar
Olhares vazios de sombras
Numa tez calma de amar
Quero o mais, não quero o muito
Não tenho pressa, vou esperar

O NOVO DIA

A Lua, certeza eu não tinha,
    devia sair mais tarde
Caneta na mão,
    eu pensava e o papel aguardava

Olhava o Sol
    que ameaçava se despedir no horizonte
Para que a caneta? Pensei eu, uma arma?

O vento me chamou pelos cabelos
    não dei atenção
Somente olhava o céu

Um passarinho cantou bem próximo a mim
Eu estava invisível, só ele me enxergava
Eu era um pensamento sem corpo
E tudo não passava da expectativa do momento

O Sol de repente resolveu passear
E retornou vagarosamente ao zênite
Movimentei levemente o olhar
Para acompanhar-lhe o trajeto

A Lua, dessa vez ela não viria
    agora era certeza

A madrugada então avançou
    o pleno meio-dia se fez meia-noite
    e novamente alvoreceu
    o dia mais claro do mundo

O céu azul passou a ter dois sóis
O de ontem e o de hoje...

Eu ainda espero o de amanhã.

OUTRO LUGAR

Eu estou em outro lugar
Um eterno além chamado ali
Ou um aqui quando chegar

Assim, o aí já se formou
No meu encanto viajar
No meu sonhar para viver
Na minha ânsia de saber

Eu vou estar em outro lugar
Somente lá eu sei que estou
Com um bom valor para compreender
Um eterno Quem que busca amor

Eu vou saber quando chegar

TEMPO

Espero o tempo passar
(Que esperança vã!)
Tempo não passa
Passam as coisas
Passa no Sol que brilha
  o seu brilho mais belo de hoje
Passam o vento
  como uma brisinha gostosa
O sabor de uma manga doce
O amor, o valor, o calor, a dor
O orgulho que sangra

Passam os sentimentos
Os momentos de glória
Passa, enfim, a história
Mas o tempo persiste
  em seu céu, em seu Sol
  em seu mel ou sheol

Enquanto passam
  a infância e a vida
O tempo em sua lida
É um pano de fundo
Uma presença constante
Um mistério instigante
De existência latente
Ao sentir do presente

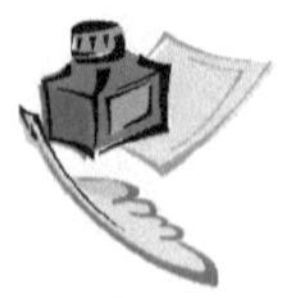

PEIXE MORTO

No brilho do olho do peixe morto
Deixo meu pesar
O monstro leve a tão fazer
O monstro leve a tão poder
Nele já não posso acreditar

Corro, opção que muito se vê
E em que tudo se espraia
Desfaleço por falta de forças para lutar
Entrego minha alma ao céu azul
E minha fé ao imenso do mar

Que se afoguem as pústulas intermináveis
Ou as etéreas podridões eternas
Que se recusam a acabar
Canso-me pelo todo
Revigoro-me no particular.

Busco ainda algo para viver, para crer
Uma que seja, razão para o sofrer
Para que sobre algo com o que sonhar

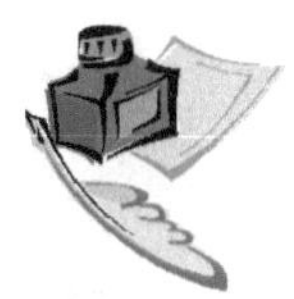

FANTASMAS

Não havia outra história para contar
Era sempre a mesma
Famílias vesgas de olhar travesso
Contavam aquela dos peixes saltitantes

E eu não me conformava
Enxergava os anzóis, linhas
E nem peixes eram
Todos que mordiam a isca

Perguntas cruéis me espicaçavam
Respostas teimosas me pirraçavam
Ninguém via a assombração
Tenebrosos fantasmas

Vibrantes, argumentativos e barulhentos
Parece que só para mim chacoalhavam
Um desafio a minha impotência de agir

Logo passo e tudo isso passa
Também passarão os fantasmas
Se ninguém mais os vê

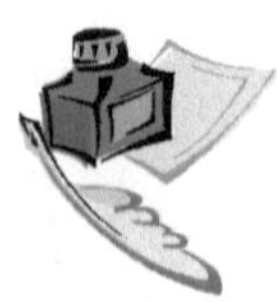

O DOBRAR DOS SINOS

O mar e os rios tormentosos
Reclamavam minha presença no vento
Ameaçavam-me com a linha do horizonte
Nos abismos do terror da minha alma

O céu se mancomunou com as águas
Fez da superfície um espelho malvado
Que respondia ao cruel ditame
De um infame grito solitário
Como o de uma andorinha no céu

O dente que mordia no espaço
Comia a terra de ilusão profunda
O Céu e a água (que molhava a terra insana)
Tinham especiais razões para alvorecer tenebrosos

Tempestades ribombaram, raios caíram
Anjos despedaçados foram lançados no espaço
A casa ficou nova e o céu estava mais vazio

A arrumação gerou espaço
A bondade se fez plena
O início voltou atrás
Necessitava recomeçar

Só assim tudo se fez radiante
O tempo se refez esperançoso
Cronos enfim poderia se orgulhar de seu fazer
Tudo passou a ser agradável de ouvir

O som mais forte era o de um sino
Quando, sérios, os sinos dobraram por amor
Nas raras presenças desse nobre compasso

DE QUE VALE...

Mas de que valem as frases bem feitas?
E as teses brilhantes?
Os saberes tão postos ou as leis fatigantes
Os Estados vigentes, autoridades, gerentes
Se o trato com a vida encerra o terror

Do valor do prazer tão fugaz
Do ardor ao consumo voraz
E para o lado da vida faminta de tudo
Preserva a migalha, a esmola que engana
E a chama já opaca, uma vez tão brilhante
Não preserva da dor

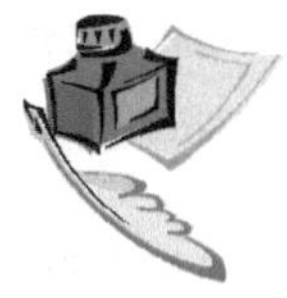

TRÊS MUNDOS

Eu olho cá do céu e vejo três mundos
O rico e confortável
Religioso até onde convém
E o do pobre tão necessitado
Que não tem e que muito quer ter
Tudo o que o outro já tem

O terceiro mundo, que variação
É feito de lata velha e cobre
Quase sem habitação

Não tem religião para consolo
Não fala de rico ou pobre
Não tem desejos de ser
Ou necessidades de haver

O mundo rico tem medo da morte
Da vida que há no porvir
Pede a seu Deus muita sorte
E riqueza no seu existir

O do pobre nem sabe pedir
Ele só sabe viver
Aprendeu que sua paz
Depende de seu bem servir

Mas o amor não planta raízes
Em bolsos de casacos escuros
Em muros de demarcação
Nos verbos com diversos matizes
Ou em doutrinas de dominação

Dois mundos em uma existência
Um quer alcançar a eternidade
O outro, sobreviver sem complicação

O terceiro vislumbra uma opção
Fazer do bom e belo um aporte
Para na doação surpreender
Sem tristezas o destino pós-morte

O mundo rico transforma camelos
Em fios de ouro bem fino
E os usa em agulhas gigantes
Para costurar desatinos

O de lata não encontra sua graça
No lixo que o conforto pediu
Ele sabe que a riqueza é devassa
E a trapaça é o seu desvario

Os mundos rico/pobre estruturam seu ser
E crescem com galhardia
O de lata definha em seu canto
E diminui solitário a cada dia

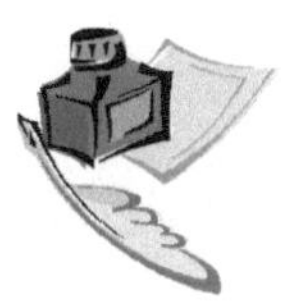

FLAUTEIO MÁGICO

A vida como um encanto
É uma música a teu pranto
Que com uma ideia mais solta
Pode vir a ti despertar

Se concorde aceitas
E deixas o estilo surgir
É um romance na espreita
Que segue a desabrochar

A questão é: cultivar
Quem mantém esse anseio
E um flauteio ouvir
É um tinir que do sono
Tem o dom de acordar

Prossegue tua sina bem livre
Não sabes o quanto puxas
Segue-te uma esperança ladina
De um dia a questão que te aflige
A resposta em ti se encontrar

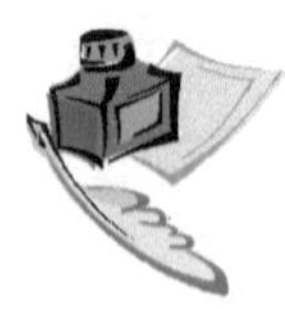

CORDA DE CERA

No mundo há discursos
No tempo há coisas
E dessas se há sem palavras
Que a fé quer limitar

A religião com mil rogos
Usa uma corda de cera
Com o que ata a fé a um fogo
Como ígnea sentença do amar

Não é isso?
O corpo impede a chama
E se a mente é mal usada
Seu mau uso, uma charada

Que se formem os homens
Para serem homens
E eles nunca serão outra coisa
Que hoje já necessitam ser

O RETORNO

Eu vejo o tempo passar
Nos braços de uma mãe amada
No rosto de um pai franzido
E ele nem passa nem nada

E move-se a Terra do tempo que passa
Que graça tem esse movimento
Se os pais do tempo se põem a fazer
O Sol e a Lua como comparsas do relógio?

O tempo não é o tempo
Recuso-me a vê-lo assim
Quero enxergar por entre seres
O que está além do corpo opaco

Chega de ritos e mitos
Deuses de névoa espessa
Que acorrentam e atormentam
Grilhões não são sinônimos de vida

Não tenho a receita
Mas já não basta a conformação
isso é o bastante
Ao achado tão fácil do dia

Tenho que atropelar fazeres!
 Entre mortos e vivos sobrarão todos
Sempre sobram por não terem aonde ir
E voltam, sempre voltam
Por que este sempre foi o lugar

Mas a verdadeira identidade não tem carteira
Foi a necessidade mundana que a fez assim
Tão sozinha e apreensiva
Carente de reencarnação

O regresso não tem formas
É o vento que traz as folhas
São os pássaros que espalham as sementes
E as mentes ficam somente a divagar

Por fim, chega o alento
Que em verdade queria ser a verdade
Plúrima que é em si ao se mostrar
Ainda que única de onde se efetivou

Uma "verdade" ouvi e acreditei
Eu fui e fui e caminhei
Não sei, mesmo, se um dia voltarei
Ou se na verdade eu nunca partirei

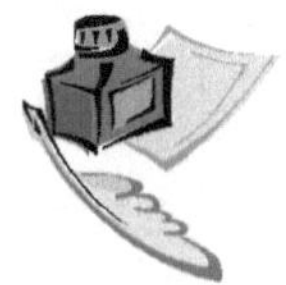

REBADALADAS

Não bata o sino, por favor
Nem avisa para toda aquela gente
    que a prometida hora nunca vai chegar

Não me pergunte de quê
Ou para quê
Deixe que as consciências
    se encarregarão de avisar

Quem não tem consciência
    que a procure para se auto-julgar
Pois as badaladas não ressoarão
Chegada a hora, dizem que não se vai cobrar

Nada vai ser ouvido
Nem aquele segredo maldito
Que levou uma vida a te atormentar

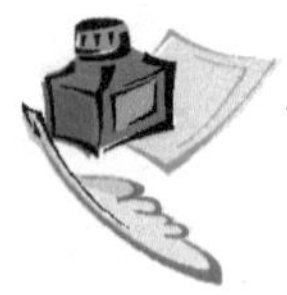

A FALTA

A nuvem está pesada, cor de chumbo
O cristal que me separa da vida está fosco
Ou quebro o cristal ou espero a chuva cair
Que outro caminho haverá?

Molha o tempo, vem o Sol
Voam os pássaros
com seus gorjeios firmes e sinceros
Ah, inocência, como és bela!

A tristeza um dia se irá? Pergunto-me
Para que tanta gente? Se não é demais
É exíguo o tempo para se educar
Ou é preferível dizer, amor,
Esse é o que está fazendo falta?

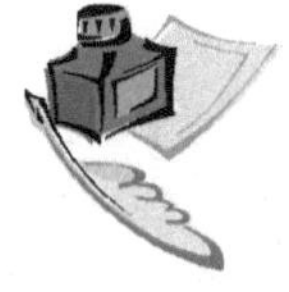

REVOLUÇÃO

(O enigma da toca)

Que daí sairá?
Olho e observo
Talvez o nada seja muito
Ou o tudo se esvairá em fumaça

O final haverá
A se dizer ou concluir
Da toca de um coelho
Sem antolhos?

Pois o tempo passa
E o bicho já não quer cenouras
E já não cava
Para frente ou para trás

O pelo se arrepiou
Os pés foram pintados
Ele aprendeu a rugir
E a cantar com os pássaros

Casou-se com uma tartaruga
Mas não esperou pelo tempo
Não teve paciência
Fez uma sopa de mulher

Penteou as orelhas
Comprou novos livros
Usou-os com sua melhor calça
E começou tudo de novo

Já no fim ele alcançou o início
E caminhou para trás
Fez da vida um regresso
Em busca do progresso benfazejo

Balançou e seguiu feliz
Mas não respondeu
Ao enigma da toca
Na espera ansiosa do fazer

SONO CONCRETO

Mais uma nova tentativa se fez
Um querer foi a razão das buscas
Não se alcançou, não se chegou
Mas tudo sempre esteve por lá

Muitas prosas falam do experto fazer
Como crianças que cantam um novo cantar
São verbos soltos na rede
Tentativas tacanhas que não explicam
Replicam apenas o velho e santo rezar

Um novo brinquedo caminha a crescer
Novo riso de forca para o carrasco mimar
Ah! Que caminho de pedra!
Ah! Que angústia de vida!
Que sono concreto de tanto acordar

O DESMUNDO

O coqueiro está meio inclinado
Suas folhas estão murchas e cadentes
Os pássaros que já não cantam mais
E as formigas caminham zonzas

A luz intensa do Sol não mais convida
Ao acordar intenso do fazer de plástico
Um bem-te-vi engasgado alerta-me
Sobre uma chuva torrencial de lágrimas de lama

Dos olhos do mundo mina sangue de jiló
Com um vento que sopra alheio sua marcha
São olhos pretensos de um tudo atormentado
Alheios a um novo mundo que o tempo esconde

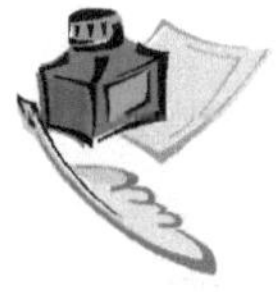

A FOLHA RASGADA

Não, não rasgue a folha passada, usada
Ou rasgue-a se quiser, não estou seguro
Para que servirá uma folha usada
Rabiscos diversos, recados ou versos

Talvez uma tese haverá, coisa de valor...
Não passe a página então se ela tanto lhe vale
Mas se há fatos novos a serem escritos
Que fazer?

Quem sabe o tempo lhe dê respostas
Tão própria de si essa tal ocorrência
Se não houver resposta
O tempo talvez lhe dê o consolo
Ou se mesmo o consolo não lhe chegar
Espere um pouco mais...um pouco mais...

Aí, o próprio tempo se cansará
E partirá de ti e o deixará
Como uma folha rasgada

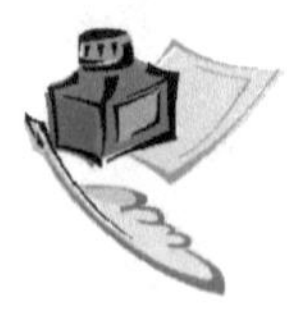

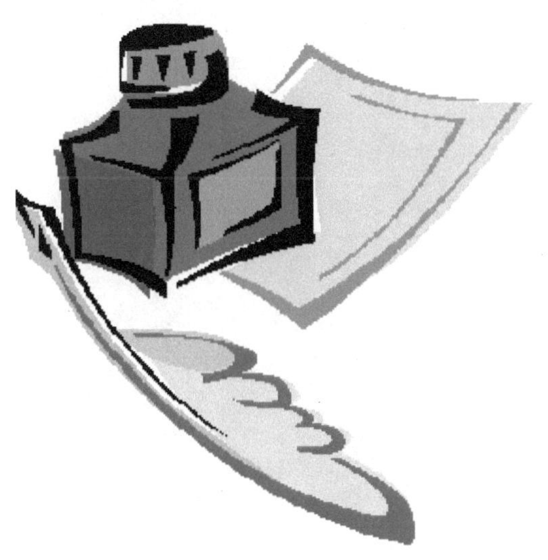